KIRSCHEN FÜRS KAMEL

Begriffe des Zusammenlebens
Ein Wörterbuch mit Bildern

KIRSCHEN FÜRS KAMEL

Begriffe des Zusammenlebens

Susanna & Johannes Rieder
Arinda Crăciun · Carsten Aermes

EIN WÖRTERBUCH · MIT BILDERN ·

INHALT

GEDULD

Geduld bedeutet, etwas in Ruhe anzugehen, warten zu können und nicht gleich wieder aufzugeben, auch wenn es zwischendurch anstrengend ist.

Mit Lebewesen geduldig sein, heißt, ihnen auch mal etwas zu verzeihen und nicht gleich alles übel zu nehmen.

GASTFREUNDSCHAFT

Gastfreundschaft ist eine Grundlage des menschlichen Zusammenlebens. Sie kann helfen, politische und kulturelle Grenzen zu überwinden.

Der römische Dichter Ovid beschreibt, wie Götter bei dem alten Ehepaar Philemon und Baucis unangemeldet zu Besuch kommen:

Kaum hatten die Himmelsbewohner das kleine Haus betreten und mit gesenktem Scheitel die niedrige Tür durchschritten, lud der Alte sie ein, den müden Gliedern Erholung zu gönnen, und bot ihnen einen Sitz an [...]. Baucis nährt das Feuer mit Laub und trockener Rinde und bringt es mit ihrem greisenhaften Atem zum Aufflammen. [...] Den Kohl, den ihr Mann im bewässerten Garten geholt hatte, entblättert sie. Mit einer zweizinkigen Gabel nimmt Philemon den geräucherten Schweinsrücken, der am rußgeschwärzten Dachbalken hängt, schneidet von dem lang aufgesparten Stück ein schmales Scheibchen ab und kocht es im siedenden Wasser weich.
Inzwischen vertreiben sie den Gästen die Wartezeit mit Gesprächen und täuschen sie über die Verzögerung hinweg. Dort war ein Kübel aus Buchenholz;

mit dem derben Henkel hatte man ihn an einem Pflock aufgehängt.
Dieses Gefäß wird mit lauem Wasser gefüllt, so dass die Gäste sich darin
die Glieder wärmen können.

In der Mitte liegt ein Polster aus weichem Flussschilf auf einem Sofa. [...]
Tücher decken sie darüber, die sie sonst nur an Festtagen ausbreiteten. [...]
Die Götter legten sich zum Mahle nieder. [...] Doch das dritte der Tisch-
beine war zu kurz: Eine Scherbe glich es aus. Kaum hat diese Unterlage
die Schräge beseitigt, wischt grünende Minze die jetzt ebene Tafel ab.
Da werden zweifarbige Oliven aufgetischt, herbstliche Kornelkirschen,
in flüssiger Hefe eingemacht, Endivien, Radieschen, weißer Käse und
Eier, leicht umgedreht in schwacher Glut, alles in Gefäßen aus Ton. [...]
Es dauerte nicht mehr lange, da gab der Herd die heißen Speisen her. [...]
Zum Nachtisch gibt es Nüsse, getrocknete Feigen mit runzligen Datteln
vermischt, Pflaumen, duftende Äpfel in ausladenden Körben, Trauben
von purpurnen Reben. Schimmernd liegt in der Mitte eine Honigwabe.
Zu alledem kamen die freundlichen Gesichter hinzu und ein guter
Wille, der weder träge noch ärmlich war.

Würde ist eine Haltung

und es muss ermöglicht

werden, dass sie gelebt

werden kann. ¶ Man

muss sich selbst so dar-

stellen können, wie

es einem entspricht.

Würde muss geschützt werden.

WÜRDE

Sie kann verletzt werden.

ORIGINALITÄT

Der französische Schriftsteller Gustave Flaubert hat sich
sein Leben lang damit abgemüht, die richtigen Worte zu
finden für das, was er in seinen Romanen erzählen wollte.
Für eine Seite brauchte er mehr als eine Woche.
Er las sich und seinen Freunden die Szenen immer wieder
vor, weil er wollte, dass auch der Klang der Sprache schön
und stimmig war. Er kämpfte gegen sprachliche Klischees
und dagegen, dass vieles, was einmal formuliert
wurde, genauso wiederholt wird,
wie von einem Papagei.

Flaubert
Madame Bovary

Nicht nur, wenn man ein
Kunstwerk schaffen will, sondern
auch, wenn man mit anderen
Menschen umgeht, lohnt es sich,
nach zutreffenden, schönen und
besonderen Worten zu suchen.

BARMHERZIGKEIT

Barmherzigkeit beschreibt eine grundsätzliche menschliche Haltung anderen Lebewesen gegenüber: Man hilft jemandem, der in Schwierigkeiten ist, egal ob er einem sympathisch ist oder nicht.
Wenn bei Ausgrabungen der wieder zusammengewachsene Knochen eines Tieres gefunden wird, ist das ein Beweis dafür, dass sich Menschen um das verletzte Lebewesen gesorgt und es gesund gepflegt haben. Denn ein Tier stirbt, wenn es sich in der Wildnis ein Bein bricht, weil es nicht mehr für sich sorgen kann und leichte Beute für andere Tiere ist.

SOLIDARITÄT

In einem
Netz von
Leuten wird die eigene Hand-
lungsmöglichkeit erweitert.

Solidarität kann nur in
einer Gruppe entstehen.

Man kann sich auch mit einer Gruppe solidarisch

erklären, weil man ihre Absichten gut findet, auch

wenn man selbst gar nicht direkt von der Verwirklichung ihrer Anliegen betroffen ist.

Man unterstützt sich gegenseitig und alle bringen ihre Fähigkeiten ein, um mit den gemeinsamen Zielen weiterzukommen.

Protest ist eine Form zu zeigen, dass man etwas ungerecht findet und es verändern möchte. Protest kann
friedlich oder gewaltsam sein. Proteste haben oft zu
wichtigen gesellschaftlichen Veränderungen geführt.
Manche Proteste werden unterdrückt und nieder-
geschlagen. Trotzdem bleiben sie nicht folgenlos.

PROTEST

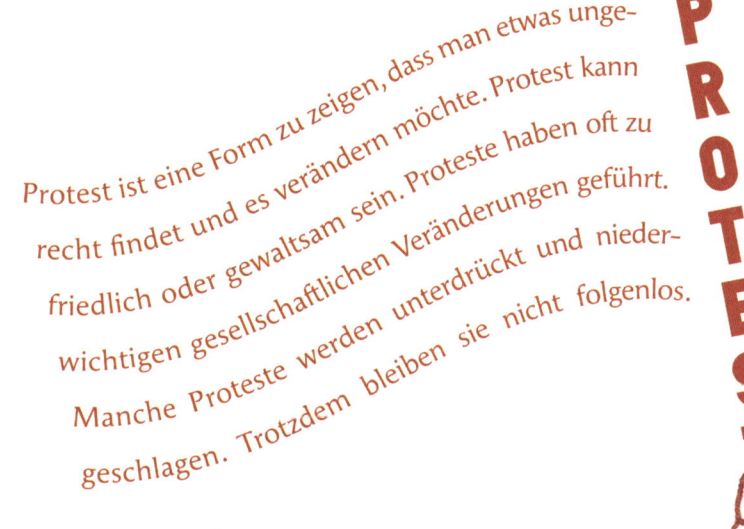

GEWALT

Gewalt findet statt, wenn wir andere ausgrenzen, sie abwerten und erniedrigen. Gewalt kann seelisch und körperlich ausgeübt werden und bis hin zur Vernichtung der anderen Person gehen.

Es gibt nicht nur die Gewalt, die direkt vom Menschen ausgeht, sondern auch Gewalt, die durch bestehende Verhältnisse vorgegeben ist. Zum Beispiel, wenn eine bestimmte Gruppe von Menschen grundsätzlich benachteiligt wird.

Wenn etwas
Unvorhergesehenes passiert
und man nicht weiß, wie es weitergehen soll,
muss man reagieren, ohne genau planen zu können.

Dabei muss
man sich trauen, sich auf
das einzulassen, was vorhanden ist,
so dass es sich weiterentwickeln kann.

Wie das Ergebnis
wird, lässt sich nicht vorhersagen,
aber manchmal entsteht etwas,

auf das sonst
niemand gekommen wäre.

IMPROVISATION

NEUGIERDE

Neugierde hatte früher eine eher negative Bedeutung, man wollte sie den Kindern abgewöhnen und verbieten: »Steck deine Nase nicht in die Angelegenheit anderer Leute!« Aber eigentlich ist sie die Grundlage dafür, dass man sich füreinander interessiert: »Wie geht es dir? Was machst du? Was gibt es bei dir Schönes und Neues?« Und nur über gegenseitige Neugierde können wir entdecken, was wir gemeinsam schön finden und woran wir zusammen Spaß haben.

ZIVILCOURAGE

Zivilcourage ist, wenn man in Situationen Haltung zeigt,
in denen Würde und Unversehrtheit einer weiteren Person
verletzt werden.

Man braucht Entschlossenheit und
Mut, um sich unter schwierigen Bedingungen und vielleicht
auch gegen die Mehrheit für andere einzusetzen.

Nichteingreifen ist auch eine Gewalttat.

SCHENKEN

Beim Schenken verbindet sich das Geschenk sowohl mit der Person, die es verschenkt, als auch mit der Person, die das Geschenk erhält. Man schenkt also nicht nur eine Sache, sondern auch einen Teil von sich selbst.

Der Begriff

stammt aus dem Polynesischen

und beschreibt etwas Heiliges, Unantast-

bares oder Geweihtes, das nicht berührt oder be-

treten werden darf. In der religiösen Vorstellung der

Polynesier konnten **TABU** Orte, Handlungen,

Gegenstände oder Personen tabu sein,

da sie besondere Kräfte besaßen und außerordentlich

geschützt werden mussten. In jeder Kultur gelten

verschiedene Tabus, die oftmals über lange

Zeit hinweg wenig hinterfragt

werden.

EMPATHIE

Empathie bedeutet Einfühlungsver-
mögen und ist die Fähigkeit, sich in
andere Personen hineinzuversetzen.
Dadurch können wir die Gedanken
und Gefühle der anderen nachvollzie-
hen, in besseren Austausch mit ihnen
treten und uns einander zuwenden.

Empathie kann aber auch dazu
eingesetzt werden, andere
zu beeinflussen und
zu manipu-
lieren.

PRIVILEGIEN

Privilegien sind Vorteile, die wesentliche Dinge
im Leben sehr viel einfacher machen. Menschen,
die Privilegien genießen, müssen weniger Hindernisse
überwinden als andere und haben damit mehr
Möglichkeiten. Viele Privilegien nehmen wir
gar nicht als solche wahr, weil wir sie
von Geburt an haben oder
eben nicht.

LIEBE UND ENDLICHKEIT

Je mehr wir eine Person lieben, desto schmerzlicher ist
die Vorstellung, sie irgendwann im Tod zu verlieren
oder sie zurücklassen zu müssen,
wenn wir selbst sterben.

Traurigkeit und Wehmut gehören zum
Leben, aber vielleicht liegt ein Trost
in der Schönheit des Daseins.

VERTRAUEN

Vertrauen entsteht in einem Prozess: Man muss
sich immer wieder gegenseitig zeigen, dass man sich
aufeinander verlassen kann.

Vertrauen gibt es nicht nur zwischen Personen, sondern
auch zwischen einer Person und der Gesellschaft:
»Kann ich meiner Umgebung, der Gesellschaft um
mich herum vertrauen, dass sie mich als das lesen kann,
was ich bin? Kann ich mir dessen sicher sein?«

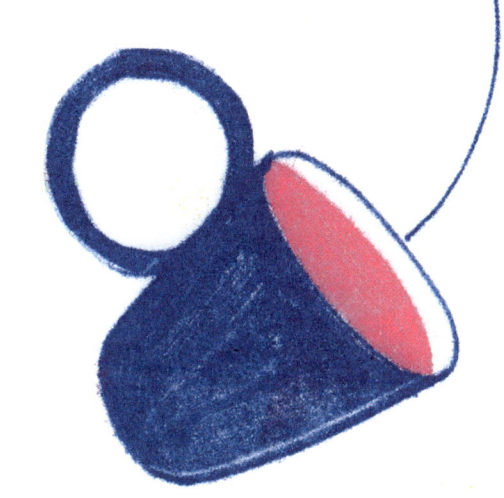

FREUNDLICHKEIT

In manchen Cafés ist es Brauch, einen Kaffee für jemanden zu bezahlen, der ihn sich gerade nicht selbst leisten kann. Die Bedienung legt dann den Kassenzettel in ein Glas oder klammert ihn an eine Leine (sospeso ist italienisch und bedeutet »hängend«). ¶ Wenn du also in ein Café kommst und einen Kaffee willst, aber kein Geld hast, kannst du dir einen Kaffee gönnen, den dir eine unbekannte Person spendiert hat.

GROSSZÜGIGKEIT

Wenn man etwas gibt, gibt man es, und Schluß,

man verlangt nichts anderes dafür.

Bernard-Marie Koltès

RESPEKT

Respekt heißt, das Gegenüber zu achten und ihm
Wertschätzung entgegenzubringen. Früher beschrieb die
Wortbedeutung vor allem ein Machtgefälle: Derjenige,
vor dem man Respekt hatte, war oft furchteinflößend
und stand über einem. Jetzt beschreibt der
Begriff, dass man   eine Person

in ihrem Lebensraum und ihrer Lebensform so akzeptiert, wie sie ist. Vielleicht auch manchmal, ohne alles von ihr ganz genau zu verstehen. Das funktioniert nicht nur in menschlichen Beziehungen, sondern auch der Natur und Tieren gegenüber.

KOMPROMISS

Wenn mehrere Personen
verschiedene Wünsche und Ideen haben,
aber gemeinsam etwas erreichen wollen, müssen
sie miteinander verhandeln. ❡ Alle müssen sich
überlegen, auf welchen Teil ihrer Wünsche und Ideen
sie verzichten können, damit etwas entsteht, mit dem alle zufrieden
sein können. ❡ Wenn sie dabei auf ein gutes Ergebnis kommen, nennt
man das einen guten Kompromiss. Auf den ersten Blick sieht es so aus,
als würde eine der Parteien etwas dabei verlieren, aber eigentlich
ist es wertvoller, wenn alle gemeinsam
weiterkommen.

Eine Person, die uns verletzt hat, muss sich das, was sie getan hat, nicht mehr vorwerfen, wenn wir ihr verzeihen.

VERZEIHEN

VERSÖHNUNG

Wenn es uns gelingt, das, was geschehen ist, durch Verzeihen ein Stück weit aufzuarbeiten, können wir uns dadurch stärker fühlen und mit der eigenen Verletztheit besser umgehen.

Verzeihen ist etwas anderes als Versöhnen: Wir können jemandem verzeihen aber trotzdem auf immer der Kontakt abbrechen.

Nach Kriegen oder
langen Konflikten kann
es Jahrzehnte dauern, bis
sich eine Gesellschaft in
ihrem Zusammenhalt
wieder erholt hat.

BIBLIOGRAFIE UND ERKLÄRUNGEN

Hier finden sich zu einzelnen Begriffen weiterführende Erklärungen sowie die Bücher und Aufsätze, die uns bei den Definitionen geholfen haben.

BARMHERZIGKEIT

☞ Judith Kohlenberger: *Wir*. Wien 2021, S. 11.

EMPATHIE

Das Bild auf der Leinwand zeigt eine Szene aus dem bekannten Film *Psycho* des Regisseurs Alfred Hitchcock (1899–1980). Denn auch die Erfinder von Geschichten müssen mit unserer Empathie arbeiten, um unsere Aufmerksamkeit zu gewinnen.

Hitchcock hat sich sein Leben lang damit beschäftigt, wie er Geschichten im Kino so erzählen kann, dass es für die Leute am spannendsten ist. Er war ein Meister darin, seine Zuschauerinnen und Zuschauer so zu manipulieren, dass sie größtmögliche Spannung erleben.

Der Film beginnt damit, dass die Heldin des Films Geld unterschlägt und auf der Flucht vor der Polizei die Stadt verlässt. Kurz darauf wird sie von einem Polizisten aufgehalten. Das Publikum hat sich voll mit der Frau identifiziert und hofft, dass der Polizist nichts merkt. Tatsächlich geht alles gut, die Frau darf weiterfahren. Sie übernachtet in einem Motel, das von einem etwas verschrobenen, aber hilfsbereiten jungen Mann geführt wird. Die beiden essen gemeinsam zu Abend, dann geht die Frau auf ihr Zimmer und nimmt eine Dusche. Während sie duscht, wird sie von einer unbekannten Person brutal ermordet. Der Mord geschieht vollkommen überraschend und ist damit umso schockierender, was von Hitchcock genauestens vorbereitet wurde: Die Polizeikontrolle hat er nur deshalb in den Film eingebaut, damit das Publikum sich mit der Frau identifiziert und hofft, dass ihr nichts passiert.

Wie es weiter geht, wird hier nicht verraten, aber der Film hat noch einige Wendungen, die dem Publikum den Atem stocken lassen und auch heute noch funktionieren, obwohl der Film bereits über 60 Jahre alt ist.

☞ Vgl. hierzu: François Truffaut in Zusammenarbeit mit Helen G. Scott: *Truffaut/Hitchcock.* München und Zürich 1999.

GASTFREUNDSCHAFT

Die Geschichte von Philemon und Baucis ist eine von den *Metamorphosen* des römischen Dichters Ovid (43 v. Chr. – 17 n. Chr.).

☞ Ovid: *Metamorphosen.* Ins Deutsche übersetzt von Michael von Albrecht. Stuttgart 2023, S. 243f. (Der Abdruck des Textauszugs aus »Philemon und Baucis« erfolgte mit freundlicher Genehmigung des Reclam Verlags, Stuttgart.)

GEWALT

☞ Carolin Emcke: *Für den Zweifel. Gespräche mit Thomas Strässle.* Zürich 2022, S. 7–42.

GROSSZÜGIGKEIT

Das Zitat im Bild stammt aus dem Theaterstück *Quai West* des französischen Autors Bernard-Marie Koltès (1948–1989). Koltès hat mehrere Reisen durch Mittel- und Südamerika und Afrika unternommen, die seine Texte stark beeinflusst haben. In seinen Stücken lässt er Wirklichkeit und Mystik verschwimmen, oft prallen Figuren verschiedener Kulturen und sozialer Schichten aufeinander, die sich in irgendeiner Form an dem Unrecht abarbeiten, das die europäischen Länder angerichtet haben, als sie in fremde Länder eingedrungen sind und diese ausgebeutet haben. In *Quai West,* das 1985 uraufgeführt wurde, treffen Einwanderer, die am Existenzminimum leben, und reiche Einheimische im verlassenen Hafenviertel einer westlichen Großstadt aufeinander und versuchen, miteinander umzugehen und Geschäfte zu machen (was nicht gut geht).

☞ Bernard-Marie Koltès: *Quai West. In der Einsamkeit der Baumwollfelder.* Hamburg 1996.

KOMPROMISS

☞ Christian Krell: »Von Weimar bis Willy Brandt: Warum Kompromisse zur Demokratie gehören«, in: *Vorwärts.* https://vorwaerts.de/artikel/weimar-willy-brandt-kompromisse-demokratie-gehoeren (aufgerufen am 13.06.2023).

LIEBE UND ENDLICHKEIT

Hier hat uns der Gedanke des *mono no aware* (物の哀れ) inspiriert, ein Begriff aus der japanisch-buddhistischen Tradition. Wörtlich übersetzt ist *aware* eine sehr starke Emotion, etwas Ergreifendes, *mono* sind die Dinge. Es geht also um ein Gefühl, das einen ergreift, wenn man sich der Vergänglichkeit der Dinge bewusst wird. Das Besondere an dieser Haltung ist, dass man sich nicht einfach mit der Endlichkeit abfindet, sondern einen Weg findet, die vergängliche Schönheit zu feiern. Ein Sinnbild für *mono no aware* ist die flüchtige Schönheit der Kirschblütenzeit, die in Japan in einem landesweiten Fest begangen wird.

NEUGIERDE

☞ Rafik Schami: *Gegen die Gleichgültigkeit. Über Rassismus, Orientalismus und den neuen Typus von Intellektuellen.* Tübingen 2021.

ORIGINALITÄT

Für den französischen Schriftsteller Gustave Flaubert (1821–1880) waren Papageien, die alles einfach nachplappern, ein Sinnbild für die immer gleiche, unüberlegte Verwendung von Sprache. In seinem Arbeitszimmer hatte er einen ausgestopften Papagei stehen, als ob er gegen ihn anschreiben müsste. In einem Brief an eine Freundin schreibt er während seiner Arbeit an dem Roman *Madame Bovary:*

> »Wie oft bin ich nicht flach aufs Gesicht gefallen, gerade als ich glaubte, ihn [den Stil, den er für seine Sprache sucht, Anm. d. Autorin] greifen zu können. Dennoch habe ich das Gefühl, nicht sterben zu dürfen, ohne den Stil, den ich in meinem Kopf höre, aufbrüllen zu lassen, einen Stil, der die Stimmen der Papageien und Zikaden sehr wohl übertönen dürfte.« (zitiert nach Julian Barnes: *Flauberts Papagei.* München 1987, S. 83.)

PRIVILEGIEN

☞ Judith Kohlenberger: *Das Fluchtparadox. Über unseren widersprüchlichen Umgang mit Vertreibung und Vertriebenen.* Wien 2022, S. 171.

PROTEST

Zu den Bildern auf dieser Doppelseite gibt es hier Erläuterungen.
Von links nach rechts im Uhrzeigersinn:

Sylvia Rivera und Marsha P. Johnson begründeten den Christopher Street Day

Sylvia Rivera war eine Transfrau, Marsha P. Johnson eine Dragqueen aus New York und gemeinsam kämpften sie für die Rechte von Homosexuellen und Transpersonen. Sylvia Rivera, die selbst lange Zeit auf der Straße gelebt hatte, setzte sich besonders für obdachlose Transpersonen ein.
Obwohl die Gesellschaft Ende der 1960er-Jahre liberaler wurde, konnten nur die wenigsten Homosexuellen und Transpersonen offen leben. In der Öffentlichkeit wurden Vorurteile und Ängste gegen queere Personen geschürt: Lesben, Schwule und Transpersonen wurden über Jahrzehnte verfolgt und waren dadurch gezwungen, sich heimlich zu treffen. Die Polizei führte oft willkürliche Razzien in den Bars und Treffpunkten der Szene durch.

Eine dieser Bars war das »Stonewall Inn« in New York. Am 28. Juni 1969 fand dort eine Polizeirazzia statt. Doch inzwischen war die angestaute Wut so groß, dass sich die Menschen in der Bar und Passanten gegen die Polizei wehrten und es zu Aufständen kam, die mehrere Tage lang dauerten. Nicht nur in New York, auch in anderen Städten US-Amerikas und Europas wehrten sich queere Personen dagegen, verfolgt zu werden und sich verstecken zu müssen. Sie begannen, für ihre Rechte und ihre Würde zu kämpfen. Die New Yorker Stonewall-Proteste waren der Beginn der LGBTIQ*-Bewegung in vielen Ländern der Welt und Marsha P. Johnson und Sylvia Rivera waren maßgeblich daran beteiligt.

Ein Jahr nach den Aufständen organisierten sie in New York den Christopher Street Liberation Day, eine Demonstration, bei der Homosexuelle und Transpersonen selbstbewusst an die Öffentlichkeit traten und Akzeptanz und Gleichberechtigung forderten. Inzwischen feiern queere Personen den Christopher Street Day in vielen Ländern der Welt, um für ihre Rechte zu kämpfen. Denn auch wenn queere Lebensformen in unserer heutigen Gesellschaft anerkannter sind und queere Menschen mehr Rechte haben als früher, gibt es immer wieder Versuche, ihre Rechte zu beschneiden und sie zu kriminalisieren. Nach wie vor sind queere Personen noch von Ungleichbehandlung, Vorurteilen und Gewalttaten betroffen.

☞ Benno Gammerl: *Queer. Eine deutsche Geschichte vom Kaiserreich bis heute.* München 2023.

☞ Daniel Schwitzer: »Die Geschichte des Christopher Street Day. Vom Stonewall-Aufstand zur Wasserpistolen-Schlacht«. Bundeszentrale für politische Bildung (Hrsg.). https://www.bpb.de/themen/gender-diversitaet/homosexualitaet/38838/geschichte-des-christopher-street-day/ (aufgerufen am 16.06.2023).

Hip-Hop

In den 1970er- und 1980er-Jahren waren die US-amerikanischen Metropolen von zahlreichen verwahrlosten Stadtvierteln mit hoher Jugendarbeitslosigkeit geprägt. Vor allem die afroamerikanische Bevölkerungsschicht war von Armut,

Drogen- und Bandenkriminalität betroffen. Die Stadtverwaltung kümmerte sich nicht um die Problemviertel und ließ sie zunehmend verfallen. Die Jugendlichen der afroamerikanischen Ghettos hatten keinen Zugang zu den Clubs und Diskotheken der weißen Mittel- und Oberschicht und feierten in den Gemeinschaftsräumen ihrer Wohnblocks. Eines Abends legte dort im New Yorker Stadtteil Bronx ein Junge auf, der sich DJ Kool Herc nannte. Er wollte kurze Stellen in einem Song, auf die man besonders gut tanzen konnte, verlängern und begann, die LPs auf den Plattentellern mit den Händen zurückzudrehen und mit einem zweiten Plattenspieler zu mixen. So entstand ein Sound, der ganz anders klang als alles, was man bis dahin kannte. Bei den Partys war auch ein Zeremonienmeister (Master of Ceremony oder MC) auf der Bühne, der kurze Ansprachen hielt und die Leute anfeuerte. Der MC begann, auf die Musik der DJs zu rappen, der Hip-Hop war geboren. Schnell entwickelte sich auf die neue Musik ein eigener, akrobatischer Tanzstil: Breakdance. Etwas später wurde auch Graffiti ein wichtiger Teil der Hip-Hop-Kultur. Mit Breakdance und Rap entstanden Alternativen zur Gewalt in den von Bandenkriminalität geprägten Straßen: Bandenkämpfe, die bisher mit Waffen ausgeführt wurden, wurden nun zum Teil in Battles auf der Tanz-fläche oder mit dem Mikrofon ausgetragen.

Um die Musik zu produzieren, waren keine teuren Instrumente oder Ton-studios notwendig, man benötigte nur zwei Plattenspieler und ein Mikrofon, die Songs waren schnell aufgenommen. Die Künstlerinnen und Künstler konnten deshalb in ihrer Musik Dinge verarbeiten, die direkt in ihrer Um-gebung passierten. Chuck D, Rapper der Gruppe Public Enemy, bezeichnete Hip-Hop als das CNN des schwarzen US-Amerikas. Die Musik behandelt Rassismus, soziale Ungerechtigkeit und Polizeigewalt, Sklaverei, Bandenkriege und Drogenhandel. Einer der bekanntesten frühen Hip-Hop-Songs ist *The Message* von Grandmaster Flash & the Furious Five (ein Ausschnitt aus dem Albumcover ist in der Illustration vorne zu sehen). Der Song beschreibt das frustrierende Leben im heruntergekommenen Ghetto, ein Leben, aus dem es kein Entkommen gibt und das außerhalb der eigenen Community keine Rolle spielt.

Inzwischen ist Hip-Hop ein Milliardengeschäft und längst keine Nische mehr, viele Texte sind protzig und gewaltverherrlichend. Aber nach wie vor sind Hip-Hop und Protest eng miteinander verknüpft: Der Song *Alright* von Kendrick Lamar wurde 2020 eine Hymne der Black-Lives-Matter-Bewegung.

☞ Elisabeth Mahoney: »The Black CNN – When Hip Hop Took Control«, in: *The Guardian*. https://www.theguardian.com/tv-and-radio/2010/jun/25/black-cnn-hip-hop-took-control (aufgerufen am 28.06.2023).

Klimaproteste

Die Erderwärmung durch den Klimawandel wird schwere Folgen haben: Das schmelzende Nordpoleis lässt den Meeresspiegel ansteigen, es kommt verstärkt zu Naturkatastrophen wie Hitzewellen, Dürren, Stürmen, Starkregen und Überschwemmungen. Teile der Erde werden unbewohnbar werden.

Um den Klimawandel aufzuhalten, haben sich fast alle Staaten der Erde mit dem Pariser Klimaabkommen dazu verpflichtet, dafür zu sorgen, dass die Erderwärmung vom Zeitpunkt, als die Industrialisierung begann, bis zum Jahr 2100 nicht mehr als um 1,5 °C steigt. Allerdings sind die Klimaziele fast nicht mehr einzuhalten und viele Menschen sind der Meinung, dass die Regierung mehr für den Klimaschutz unternehmen müsse.

Besonders die Aktivistinnen und Aktivisten der »Letzten Generation« greifen für ihre Proteste auch auf Methoden des zivilen Ungehorsams zurück, also Methoden, die eigentlich nicht legal sind, aber für notwendig befunden werden, um die Dringlichkeit des Problems zu verdeutlichen: Sie blockieren Straßen und Autobahnen, indem sie sich auf die Fahrbahn oder an Autos kleben, oder sie beschmieren Bilder in Museen mit Lebensmitteln, um darauf hinzuweisen, dass es keinen Raum für Kunst mehr geben kann, wenn die Welt durch den Klimawandel zerstört wird. Obwohl die Proteste gewaltfrei sind, werden sie von vielen als sehr provokant empfunden. Die Regierung verhängt Geld- und Freiheitsstrafen gegen die Aktivistinnen und Aktivisten und führte sogar Hausdurchsuchungen durch oder hörte Telefongespräche mit, wie bei einer terroristischen Vereinigung. Das halten wiederum auch viele Leute für ungerecht und übertrieben.

☞ Daniel Mullis: »Ungehorsamer Klimaprotest«. Peace Research Institute Frankfurt / Leibniz Institut (Hrsg.). https://www.hsfk.de/fileadmin/HSFK/ hsfk_publikationen/Spotlight_1_2023_barrierefrei.pdf (aufgerufen am 16.06.2023).

Loukanikos, der »Riot Dog«

Loukanikos war ein Straßenhund aus Athen. 2010 kam es dort zu heftigen Protesten gegen die Sparmaßnahmen der Regierung. Loukanikos schloss sich den Demonstrationen an, stürzte sich Tag für Tag mitten in die Ausschreitungen zwischen Wasserwerfer und Tränengas und stellte sich bellend der gepanzerten Polizei entgegen. Als die Proteste vorüber waren, nahm ihn eine Familie bei sich auf. Vier Jahre später ist er friedlich gestorben, wohl an den Spätfolgen des Tränengases, das er während der Demonstrationen eingeatmet hatte. An einer Hauswand wurde ihm ein Graffiti als Denkmal gesetzt und das US-amerikanische *TIME Magazine* wählte ihn mit anderen Protestierenden auf der ganzen Welt zur »Person of the Year«.

☞ Oliver Klasen: »›Riot Dog‹ ist tot«, in: *Süddeutsche Zeitung.* https://www. sueddeutsche.de/panorama/beruehmter-hund-aus-griechenland-riot-dog-ist-tot-1.2167144 (aufgerufen am 30.06.2023).

Proteste im Iran seit 2022

Die Frauen im Iran werden seit der Islamischen Revolution im Jahr 1979 systematisch vom dortigen Regime diskriminiert und in ihren Rechten unterdrückt. Sichtbares Zeichen dafür ist der Zwang zur Verschleierung, also zum korrekten Tragen eines Kopftuchs.

Seither gibt es eine zivile Protestbewegung von mutigen Frauen und Männern, die sich für ein Leben in Freiheit und für die Wahrung der Menschenrechte einsetzen. Einen vorläufigen Höhepunkt fand diese Protestbewegung im September 2022: Die junge Kurdin Jina Mahsa Amini wurde von der Sittenpolizei in Teheran verhaftet, weil sie angeblich ihr Kopftuch nicht richtig getragen hatte. Kurz darauf verstarb sie auf der Polizeiwache. Von offizieller Stelle wurde behauptet, dass sie an einem Herzinfarkt gestorben sei, aber daran glaubt niemand. Seit dem Tod von Jina Mahsa Amini organisieren sich Menschen aller Gesellschaftsschichten und Altersgruppen, um für einen politischen Wandel zu kämpfen. Viele Frauen verbrannten aus Zeichen ihrer Verachtung auf das Regime ihre Kopftücher und schnitten sich die Haare ab. Die iranische Armee und Polizei versuchten, die Proteste mit aller Härte niederzuschlagen.

Auf der ganzen Welt haben die Medien über die Proteste berichtet und viele Menschen weltweit haben sich mit den Demonstrierenden solidarisiert.

☞ Natalie Amiri, Düzen Tekkal (Hrsg.): *Die mutigen Frauen Irans.* München 2023.

SOLIDARITÄT

☞ Judith Kohlenberger: *Wir.* Wien 2021, S. 94–99.

VERTRAUEN

☞ Niklas Luhmann: *Vertrauen: ein Mechanismus der Reduktion sozialer Komplexität.* Stuttgart 2000 (4. Auflage).

VERZEIHEN UND VERSÖHNUNG

☞ Susanne Boshammer: »Warum wir nicht alles verzeihen sollten«. Deutschlandfunk Kultur (Hrsg.). https://www.deutschlandfunkkultur.de/philosophin-susanne-boshammer-warum-wir-nicht-alles-100.html (aufgerufen am 04.07.2023).

WÜRDE

☞ Niklas Luhmann: »Würde und Freiheit«, in: Franz Josef Wetz (Hrsg.): *Texte zur Menschenwürde.* Stuttgart 2019, S. 299–303.

AUTORINNEN UND AUTOREN

KONZEPTION UND TEXT

Susanna Rieder (Romanistin) und Johannes Rieder (Sozialarbeiter und Regisseur) leiten gemeinsam den Susanna Rieder Verlag in München. *Kirschen fürs Kamel* ist nach der Bilderbuchgrammatik *Hunde im Futur* das zweite Buch, das sie gemeinsam konzipiert haben.

ILLUSTRATION

Arinda Crăciun ist in Brașov, Rumänien, geboren und lebt und arbeitet als Illustratorin in Berlin im Atelier Petit 4. Mit *Hunde im Futur* war sie 2021 für die Serafina nominiert, dem Nachwuchspreis für Illustration der Deutschen Akademie für Kinder- und Jugendliteratur.
www.arindacraciun.com

GRAFIK UND BUCHGESTALTUNG

Carsten Aermes lebt und arbeitet als Grafiker und Buchgestalter in Berlin. Von ihm gestaltete Bücher wurden mehrfach von der Stiftung Buchkunst ausgezeichnet. Für den Dudenverlag entwickelte und gestaltete er mehrere Bücher, zuletzt: *Die außergewöhnliche Geschichte unserer Wörter.*
www.kiosk-royal.com

Susanna und Johannes Rieder (Konzeption und Text)
Arinda Crăciun (Illustration) • Carsten Aermes (Grafik und Buchgestaltung)
Hunde im Futur. Eine Grammatik in Bildern
128 Seiten, gebunden • durchgehend farbig illustriert • mit gefalzten, ausklappbaren Seiten
Format: 20,5 × 24,5 cm • ISBN: 978-3-948410-21-6 • 30,00 € (D) / 31,00 € (A)

IMPRESSUM

Kirschen fürs Kamel.
Begriffe des Zusammenlebens.
Ein Wörterbuch mit Bildern
Deutsche Erstausgabe
© Susanna Rieder Verlag, München 2023

Konzeption und Text: Susanna und Johannes Rieder
Illustration: Arinda Crăciun
Grafik und Buchgestaltung: Carsten Aermes
Druck und Bindung: Società Editoriale Grafiche AZ s.r.l.,
S. Martino B.A. (Verona)
Printed in Italy

1. Auflage 2023
ISBN 978-3-948410-60-5
www.riederbuch.de